AF221762

Impressum
Verlag: BABADADA GmbH, Nedderfeld 112 , 22529 Hamburg
Geschäftsführer / Verlagsleitung: Harald Hof
Druck: Books on Demand GmbH, In de Tarpen 42, 22848 Norderstedt

Imprint
Publisher: BABADADA GmbH, Nedderfeld 112 , 22529 Hamburg, Germany
Managing Director / Publishing direction: Harald Hof
Print: Books on Demand GmbH, In de Tarpen 42, 22848 Norderstedt

sekolah

בית ספר

ruang kelas
כיתה
membagi
חילק
186/2
papan
לוח
guru
מורה
kertas
נייר
menulis
כתב
pena
עט
meja kerja
שולחן עבודה
penggaris
סרגל
buku
ספר
murit
תלמיד

tas sekolah

ילקוט

tempat pensil

קלמר

pensil

עיפרון

pengasah pensil

מחדד

penghapus

גומי מחיקה

kertas gambar

חוברת סרטוט

gambar

סרטוט

kuas

מברשת

kotak cat

קופסת צבעים

gunting

מספריים

lem

דבק

buku latihan

ספר תרגול

pekerjaan rumah

שיעור בית

angka

מספר

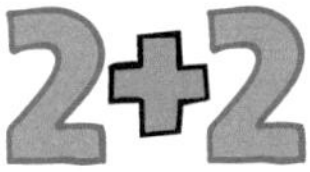

tambhakan

חיבר

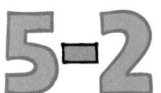

mengurangi

חיסר

mengalikan

הכפיל

menghitung

חישב

huruf

אות

alfabet

אלפבית

hello

kata

מילה

teks

טקסט

membaca

קרא

kapur

גיר

pelajaran

שיעור

daftar

יומן נוכחות

ujian

מבחן

sertifikat

תעודה

seragam sekolah

תלבושת בית ספר

pendidikan

חינוך

ensiklopedi

אנציקלופדיה

universitas

אוניברסיטה

mikroskop

מיקרוסקופ

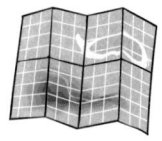

peta

מפה

tempat sampah

סל נייר

perjalanan

נסיעה

hotel
מלון
hostel
הוסטל
kantor pertukaran mata uang
המרת מטבע
koper
מזוודה
mobil
אוטו

bahasa

שפה

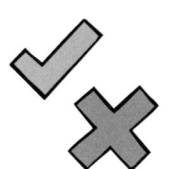

ya / tidak

כן / לא

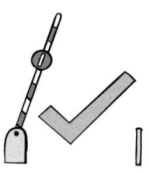

okay

בסדר

hallo

שלום

penerjemah

מתרגם

terima kasih

תודה

Berapa harganya...?

כמה עולה.....?

saya tidak mengerti

אני לא מבין

masalah

בעיה

Selamat malam!

ערב טוב!

Selamat siang!

בוקר טוב!

Selamat tidur!

לילה טוב!

sampai jumpa

להתראות

arah

כיוון

bagasi

כבודה

tas

תיק

ransel

תרמיל גב

tamu

אורח

ruang

חדר

kantong tidur

שק שינה

tenda

אוהל

informasi wisata

מרכז מידע לתיירים

pantai

חוף ים

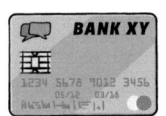

kartu kredit

כרטיס אשראי

sarapan

ארוחת בוקר

makan siang

ארוחת צהריים

makan malam

ארוחת ערב

tiket

כרטיס

elevator

מעלית

perangko

בול

perbatasan

גבול

cukai

מכס

kedutaan

שגרירות

visa

אשרה

paspor

דרכון

transportasi

תחבורה

kapal terbang
מטוס
perahu
אונייה
mobil pemadam kebakaran
כבאית
bis
אוטובוס
truk
משאית
perahu motor
סירת מנוע
sepeda
אופניים
mobil
אוטו

feri

מעבורת

perahu

סירה

sepeda motor

אופנוע

mobil polisi

ניידת משטרה

mobil balapan

מכונית מרוץ

mobil sewa

רכב שכור

berbagi mobil

מכוניות בשיתוף

truk derek

אוטו גרר

truk sampah

משאית זבל

motor

מנוע

bahan bakar

דלק

bensin

תחנת דלק

tanda lalulintas

תמרור

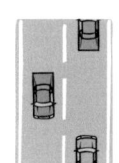

lalulintas

תנועה

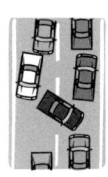

macet

פקק תנועה

parkir mobil

חניה

stasiun kereta

תחנת רכבת

trek

פסי רכבת

kereta api

רכבת

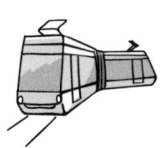

tram

רכבת קלה

gerobak

קרון

helikopter

מסוק

bendara

שדה-תעופה

menara

מגדל

penumpang

נוסע

container

קונטיינר

karton

קרטון

troli

עגלה

keranjang

סל

berangkat / mendarat

המראה / נחיתה

kota

עיר

desa

כפר

pusat kota

מרכז העיר

rumah

בית

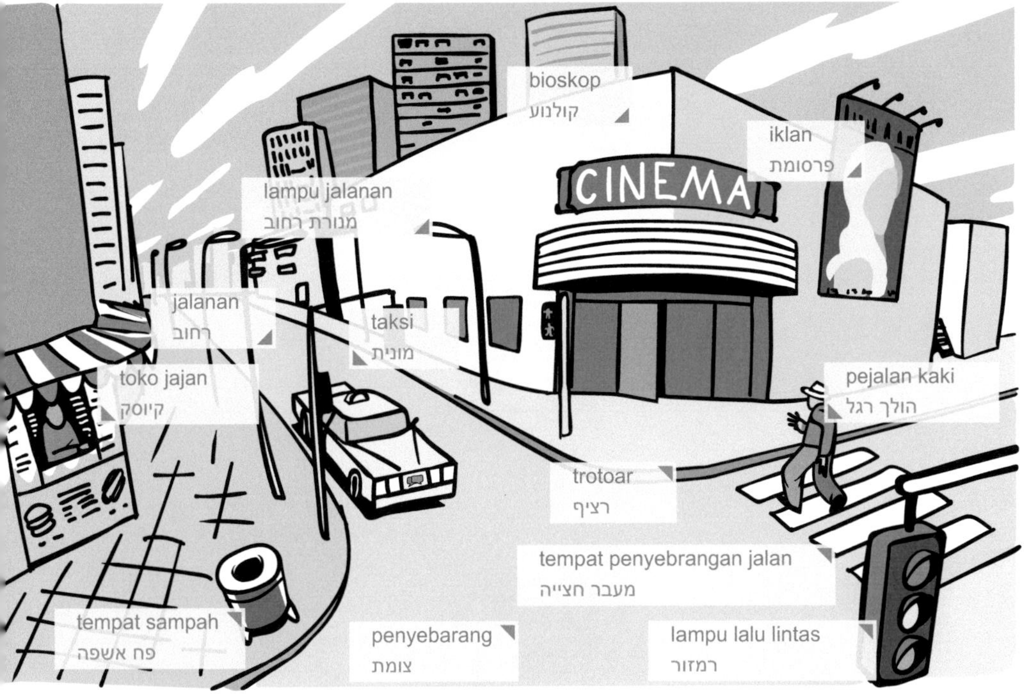

bioskop
קולנוע
iklan
פרסומת
lampu jalanan
מנורת רחוב
jalanan
רחוב
taksi
מונית
toko jajan
קיוסק
pejalan kaki
הולך רגל
trotoar
רציף
tempat penyebrangan jalan
מעבר חצייה
tempat sampah
פח אשפה
penyebarang
צומת
lampu lalu lintas
רמזור

gubuk

בקתה

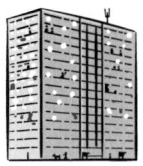

rumah flat

דירה

stasiun kereta

תחנת רכבת

balai kota

עירייה

museum

מוזיאון

sekolah

בית ספר

universitas

אוניברסיטה

bank

בנק

rumah sakit

בית חולים

hotel

מלון

farmasi

בית מרקחת

kantor

משרד

toko buku

חנות ספרים

toko

חנות

toko bunga

חנות פרחים

supermarket

סופרמרקט

pasar

שוק

toko serba ada

כל-בו

nelayan

מוכר דגים

pusat belanja

קניון

pelabuhan

נמל

taman

פארק

banku

ספסל

jembatan

גשר

tangga

מדרגות

kereta bawah tanah

רכבת תחתית

terowongan

מנהרה

pemberhantian bis

תחנת אוטובוס

bar

בר

restauran

מסעדה

kotak surat

תא דואר

tanda jalan

שלט רחוב

meteran parkir

מדחן

kebun binatang

גן חיות

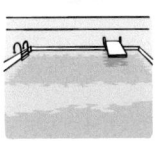

kolam renang

בריכת שחיה

mesjid

מסגד

pertanian

חווה

polusi

זיהום

kuburan

בית עלמין

gereja

כנסייה

tempat bermain

מגרש משחקים

pura

בית מקדש

pemandangan

נוף

daun
עלה

penunjuk arah
תמרור

jalanan
דרך

padang rumput
מרעה

batu
אבן

pohon
עץ

pejalak kaki
מטייל

sungai
נהר

rumput
דשא

bunga
פרח

lembah

בקעה

bukit

הר

danau

אגם

hutan

יער

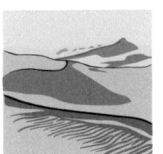

padang gurun

מדבר

gunung berapi

הר געש

istana

טירה

pelangi

קשת בענן

jamur

פטריה

pohon palem

דקל

nyamuk

יתוש

lalat

זבוב

semut

נמלה

lebah

דבורה

laba-laba

עכביש

kumbang

חיפושית

kodok

צפרדע

tupai

סנאי

landak

קיפוד

kelinci

ארנב

burung hantu

ינשוף

burung

ציפור

angsa

ברבור

babi jantan

חזיר בר

rusa

צבי

rusa

אייל הקורא

bendungan

סכר

turbin angin

טורבינת רוח

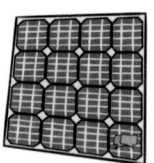

panel surya

פנל סולארי

iklim

אקלים

restauran
מסעדה

pelayan
מלצר
daftar makanan
תפריט
kursi
כסא
sup
מרק
pizza
פיצה
peralatan makan
סכו"ם
taplak
מפת שולחן

hindangan pembuka

מנת פתיחה

hidangan utama

מנה עיקרית

hidangan penutup

קינוח

minuman

שתיות

makanan

אוכל

botol

בקבוק

fastfood

מזון מהיר

masakan jalanan

אוכל רחוב

teko teh

קנקן תה

kaleng gula

מסכרת

porsi

מנה

mesin espresso

מכונת אספרסו

kursi tinggi

כסא תינוק

tagihan

חשבון

baki

מגש

pisau

סכין

garpu

מזלג

sendok

כף

sendok teh

כפית

serbet

מפית

gelas

כוס

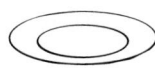

piring

צלחת

piring sup

קערת מרק

lepek

תחתית

saus

רוטב

tempat garam

מלחייה

gilingan merica

מטחנת פלפל

cuka

חומץ

minyak

שמן

bumbu

תבלינים

saus tomat

קטשופ

mustar

חרדל

mayones

מיונז

supermarket
סופרמרקט

penawaran khusus
מבצע
FOR
klien
לקוח
produk susu
מוצרי חלב
buah
פירות
troli
עגלת קניות

pembantai
....
אטליז

toko roti
....
מאפייה

menimbang
....
שקל

sayur
....
ירקות

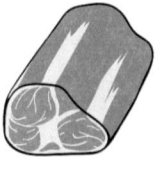

daging
....
בשר

makanan beku
....
מזון קפוא

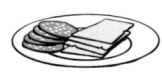

pemotongan dingin

בשר קר

makanan kaleng

שימורים

sabun serbuk

אבקת כביסה

permen

ממתקים

alat-alat rumah tangga

מוצרי בית

obat pembersihan

חומר ניקוי

penjual

מוכרת

kasa

קופה

kasir

קופאי

daftar belanja

רשימת קניות

jam buka

שעות פתיחה

dompet

ארנק

kartu kredit

כרטיס אשראי

tas

תיק

kantong plastik

שקית ניילון

minuman

שתיות

air

מים

jus

מיץ

susu

חלב

cola

קולה

anggur

יין

bir

בירה

alkohol

אלכוהול

coklat

קקאו

teh

תה

kopi

קפה

espresso

אספרסו

cappucino

קפוצ'ינו

makanan
אוכל

pisang

בננה

apel

תפוח

jeruk

תפוז

semangka

אבטיח

jeruk lemon

לימון

wortel

גזר

bawang putih

שום

bambu

במבוק

bawang bombai

בצל

jamur

פטריות

kacang

אגוזים

mi

אטריות

spagetti

ספגטי

nasi

אורז

salat

סלט

kentang goreng

צ'יפס

kentang goreng

צ'יפס

pizza

פיצה

hamburger

המבורגר

sandwich

כריך

sayatan

שניצל

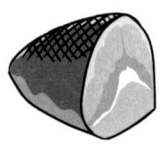

ham

שינקין

salami

סלאמי

sosis

נקניקיה

ayam

עוף

menggoreng

טיגון

ikan

דג

bubur gandum

שיבולת שועל

sereal

מוזלי

cornflakes

קורנפלקס

tepung

קמח

croissant

קרואסון

roti

לחמנייה

roti

לחם

toast

טוסט

biskuit

עוגיות

mentega

חמאה

dadih

גבינה לבנה

kue

עוגה

telur

ביצה

telur goreng

ביצת עין

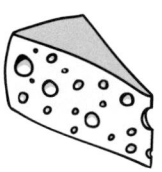

keju

גבינה

eskrim

גלידה

gula

סוכר

madu

דבש

selai

ריבה

krim nugat

ממרח נוגט

kare

קארי

pertanian
חווה

lumbung
אסם
bale jemari
חבילת שחת
lapangan
שדה
kuda
סוס
kereta gandeng
עגלת נגרר
traktor
טרקטור
anak kuda
סייח
keledai
חמור
domba
כבש
domba
טלה

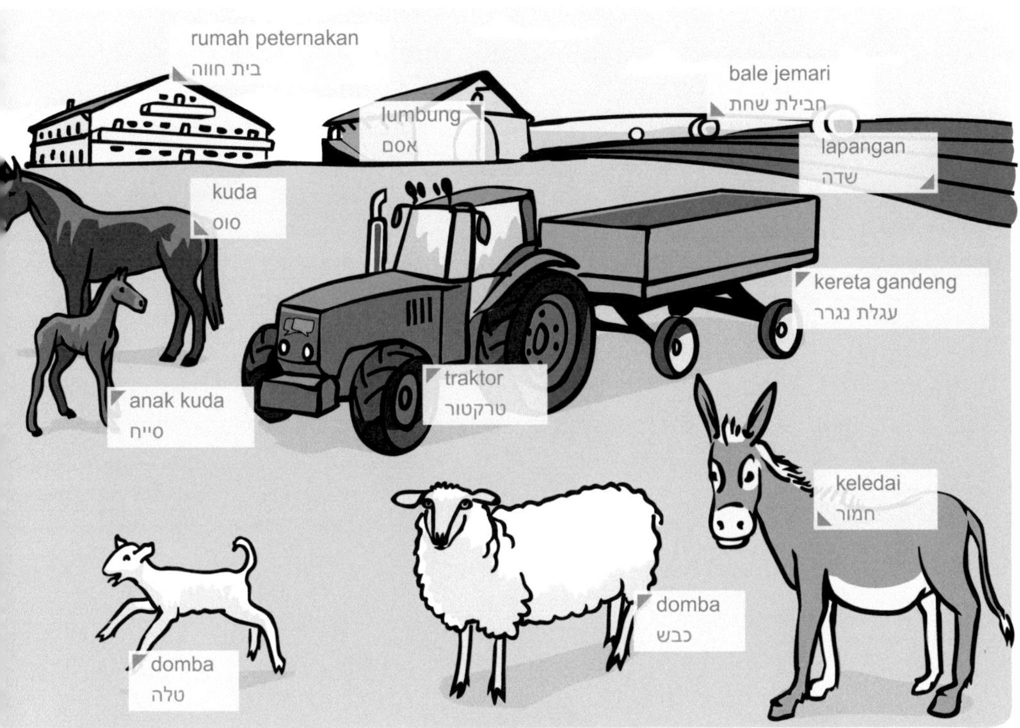

kambing

עז

sapi

פרה

betis

עגל

babi

חזיר

celeng

חזרזיר

banteng

שור

angsa

אווז

bebek

ברווז

anak ayam

אפרוח

ayam

תרנגולת

ayam jantan

תרנגול

tikus

חולדה

kucing

חתול

tikus

עכבר

lembu

שור

anjing

כלב

rumah anjing

מלונה

selang

צינור השקיה

penyiram

קנקן מים

sabit

חרמש

bajak

מחרשה

sabit

מגל

cangkul

מגרפה

garpu rumput

קלשון

kapak

גרזן

gerobak

מריצה

palung

שוקת

kaleng susu

כד חלב

karung

שק

pagar

גדר

kandang

אורווה

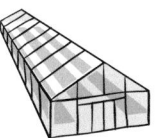

rumah kaca

חממה

tanah

אדמה

benih

זרע

pupuk

דשן

mesin pemanen

מקצרה

panen

קצר

panen

קציר

yams

בטטה אפריקנית

gandum

חיטה

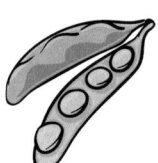

kedelai

סויה

kentang

תפוח אדמה

jagung

תירס

lobak

קנולה

pohon buah

עץ פירות

singkong

קסבה

sereal

דגנים

rumah
בית

cerobong
ארובה
atap
גג
pipa talang
מרזב
jendela
חלון
bel pintu
פעמון
garasi
מוסך
pintu
דלת
sampah
פח אשפה
kotak surat
תיבת מכתבים
kebun
גינה

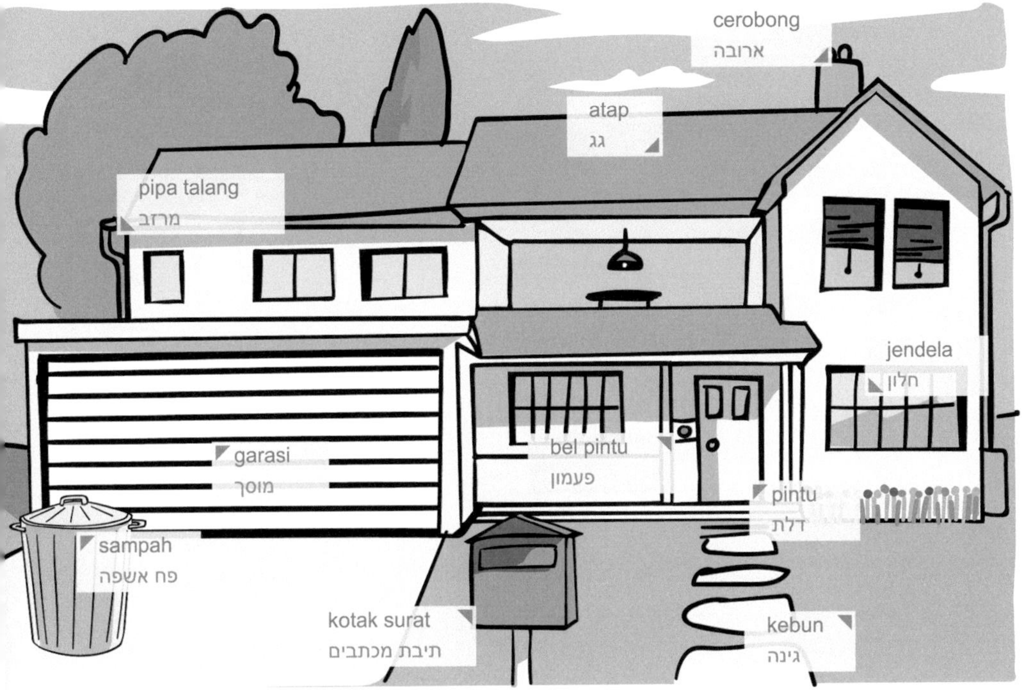

ruang tamu

סלון

kamar mandi

חדר אמבטיה

dapur

מטבח

kamar tidur

חדר שינה

kamar anak

חדר ילדים

kamar makan

חדר אוכל

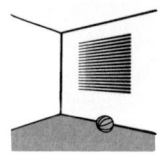

lantai

רצפה

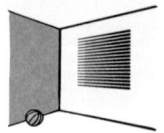

tembok

קיר

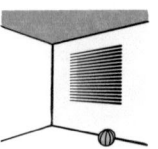

atap

תקרה

gudang di bawah tanah

מרתף

sauna

סאונה

balkon

מרפסת

teras

מרפסת

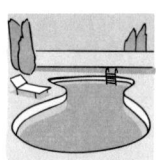

kolam renang

בריכה

mesin pemotong rumput

מכסחת דשא

sprei

סדין

selimut

כיסוי מיטה

tempat tidur

מיטה

sapu

מטאטא

ember

דלי

tombol

מפסק

ruang tamu

סלון

kertas dinding
טפט
gambar
תמונה
lampu
מנורה
rak
מדף
kabinet
ארון
televisi
טלוויזיה
perapian
אח
bunga
פרח
bantal
כרית
sofa
ספה
vas
אגרטל
remote control
שלט רחוק

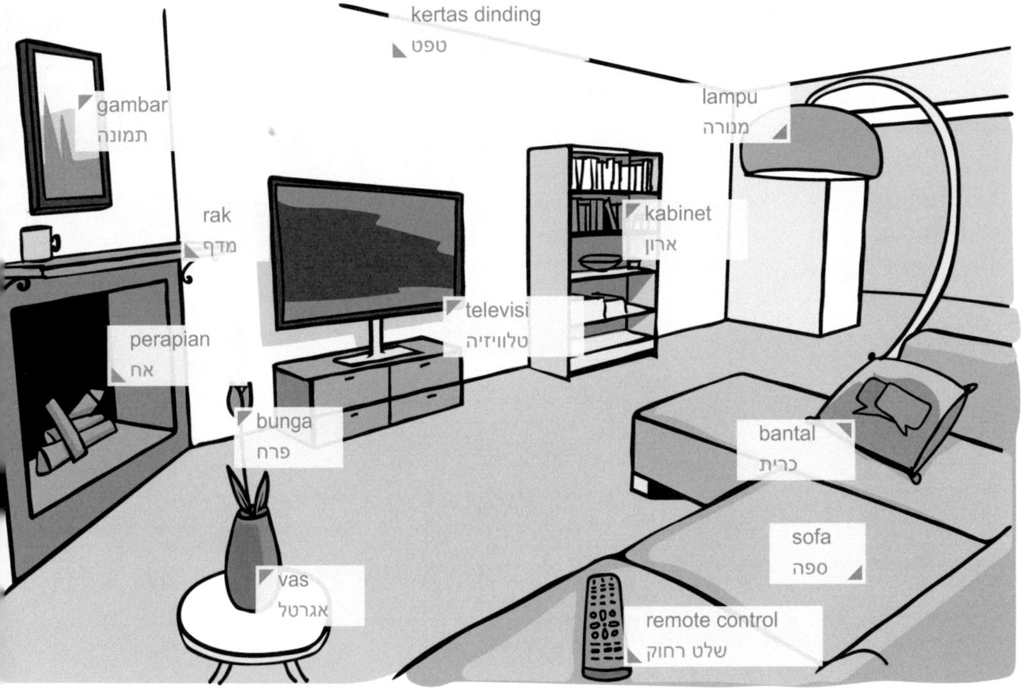

karpet

שטיח

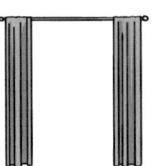

korden

וילון

meja

שולחן

kursi

כסא

kursi goyang

כיסא נדנדה

kursi malas

כורסה

buku

ספר

selimut

שמיכה

dekorasi

דקורציה

kayu bakar

עצי הסקה

filem

סרט

hi-fi

מערכת סטריאו

kunci

מפתח

koran

עיתון

lukisan

ציור

poster

פוסטר

radio

רדיו

buku tulis

מחברת

penyedot debu

שואב אבק

kaktus

קקטוס

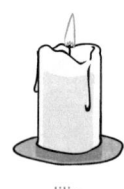

lilin

נר

dapur
מטבח

kulkas
מקרר
mesin pemanggang
מיקרוגל
timbangan
pemanggang roti
טוסטר
deterjen
חומר ניקוי
kompor
תנור
lemari es
מקפיא
sampah
פח אשפה
mesin pencuci piring
מדיח כלים

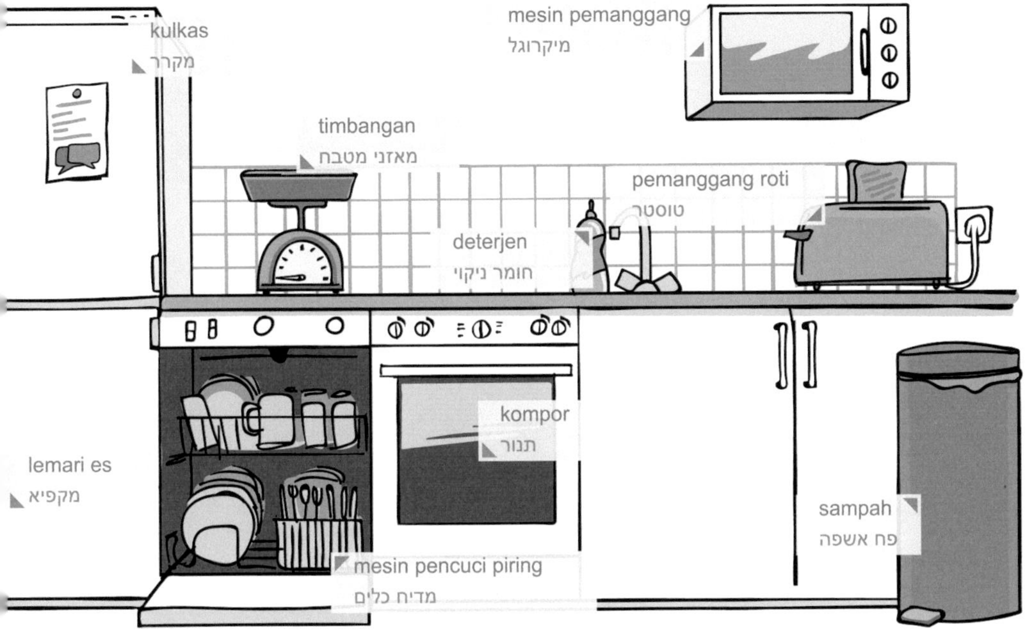

kompor
תנור

panci
סיר

panci besi
סיר ברזל

wajan
ווק

panci
מחבת

pemanas air
קומקום חשמלי

panci pengukus makanan

מאדה

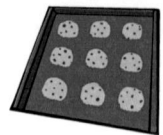

nampan

מגש אפייה

piring

כלי אוכל

cangkir

ספל

mangkok

קערה

sumpit

צ'ופסטיקס

sendok sup

מצקת

sudip

מרית

mengocok

מטרפה

saringan

מסננת בישול

saringan

מסננת

parutan

מגרדת

mortir

מכתש

barbeque

גריל

api terbuka

מדורה

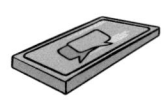

papan memotong

קרש חיתוך

gilingan

מערוך

alat pembuka botol

פותחן פקקים

kaleng

פחית

pembuka kaleng

פותחן קופסאות

pegangan panci

מטלית

wastafel

כיור

sikat

מברשת

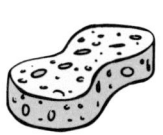

busa

ספוג

mesin pencampur

בלנדר

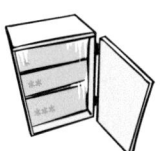

lemari es

מקפיא

botol bayi

בקבוק לתינוק

keran

ברז

kamar mandi

חדר אמבטיה

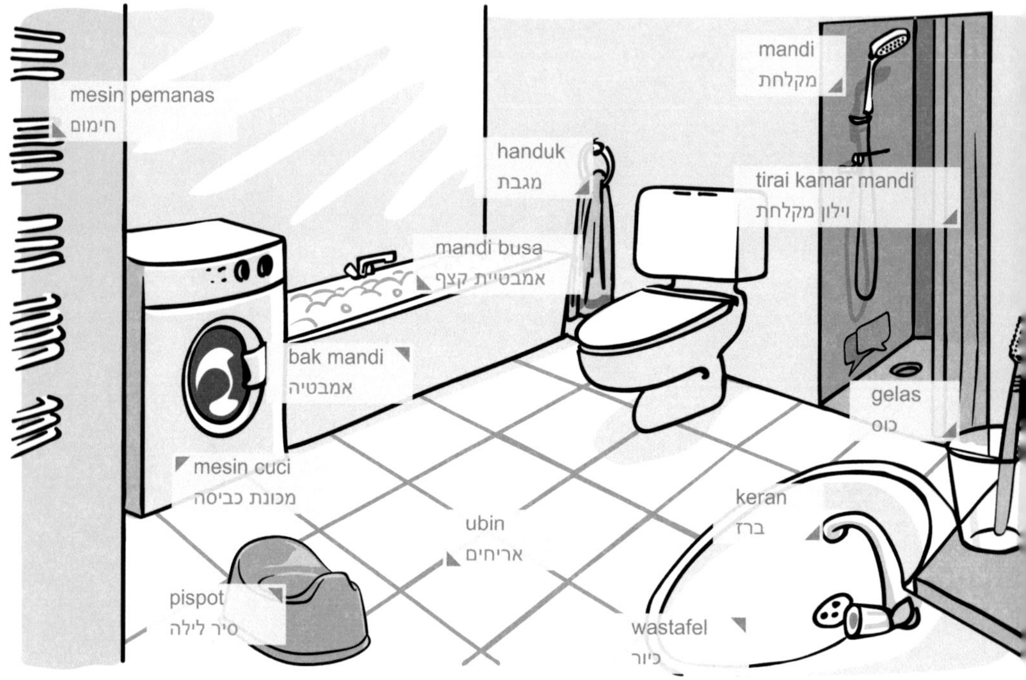

mesin pemanas
חימום
handuk
מגבת
mandi
מקלחת
וילון מקלחת
mandi busa
אמבטיית קצף
bak mandi
אמבטיה
gelas
כוס
mesin cuci
מכונת כביסה
keran
ברז
ubin
אריחים
pispot
סיר לילה
wastafel
כיור

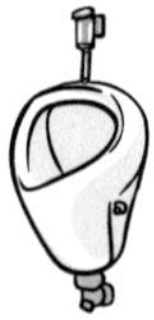

toilet

אסלה

toilet jongkok

אסלת כריעה

bidet

בידה

pissoir

משתנה

kertas toilet

נייר טואלט

sikat toilet

מברשת אסלה

sikat gigi

מברשת שיניים

pasta gigi

משחת שיניים

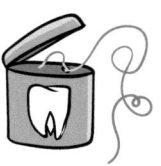

benang gigi

חוט דנטלי

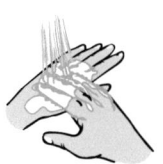

menyuci

שטף

pancuran tangan

מקלחת יד

pancuran

צינור שטיפה לשירותים

bak

קערת רחצה

sikat punggung

מברשת גב

sabun

סבון

gel mandi

ג'ל רחצה

sampo

שמפו

planel

ליפה

kuras

ניקוז

krim

קרם

deodoran

דיאודורנט

kaca

מראה

cermin tangan

מראת יד

pisau cukur

סכין גילוח

busa cukur

קצף גילוח

aftershave

אפטרשייב

sisir

מסרק

sikat

מברשת

alat pengering rambut

מייבש שיער

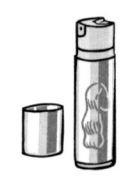

semprot rambut

ספריי לשיער

makeup

איפור

lipstik

שפתון

cat kuku

לק

kapas

צמר גפן

gunting kuku

מספריים לציפורניים

minyak wangi

בושם

kantong pencuci

תיק כלי רחצה

bangku

שרפרף

timbangan

משקל

mantel mandi

חלוק רחצה

sarung tangan karet

כפפות גומי

tampon

טמפון

handuk pembalut

תחבושת סניטרית

toilet kimia

שירותים כימיקליים

kamar anak

חדר ילדים

jam alarm
שעון מעורר
boneka tidur
צעצוע חיבוק
mobil-mobilan
מכונית צעצוע
kelintung
רעשן
rumah boneka
בית בובות
kado
מתנה

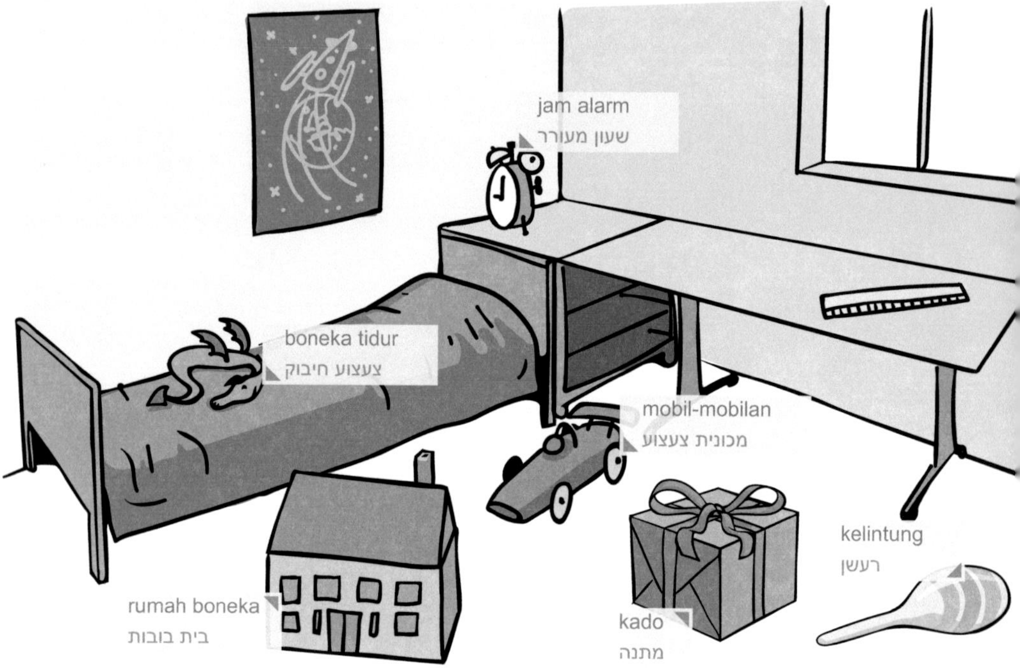

balon

בלון

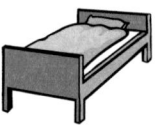

tempat tidur

מיטה

kereta bayi

עגלה

mainan kartu

משחק קלפים

teka-teki

פאזל

komik

קומיקס

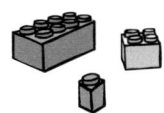

mainan lego

לגו

blok mainan

קוביות משחק

figur aksi

דמות משחק

baju monyet

סרבל תינוקות

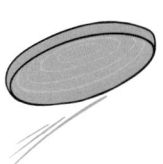

frisbee

פריזבי

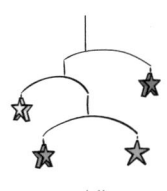

mobile

נייד

permainan papan

משחק לוח

dadu

קוביה

set model kreta api

רכבת צעצוע

dot

מוצץ

pesta

מסיבה

buku gambar

אלבום תמונות

bola

כדור

boneka

בובה

bermain

שיחק

tempat main pasir

ארגז חול

ayunan

נדנדה

mainan

צעצועים

video game konsol

קונסולת משחקים

sepeda roda tiga

אופניים תלת גלגלי

teddy

דובון

lemari pakaian

ארון בגדים

pakaian

בגדים

kaos kaki

גרביים

kaos kaki

גרביונים

baju ketat

גרביון

syal
צעיף

sabuk
חגורה

payung
מטריה

kaos
חולצת טי

sepatu bot
מגפיים

sandal
נעלי בית

sepatu
נעלי ספורט

sandal
סנדלים

sepatu
נעליים

sepatu bot karet
מגפי גומי

celana dalam
תחתונים

BH
חזייה

baju rompi
וסט

body

גוף

celana

מכנסיים

jeans

ג'ינס

rok

חצאית

blus

חולצה מכופתרת

kemeja

חולצה

aket berkerudung

אפודה

sweater

סווצ'ר עם קפוצ'ון

jaket

בלייזר

jaket

ז'קט

mantel

מעיל

jas hujan

מעיל גשם

kostum

תלבושת

gaun

שמלה

gaun pengantin

שמלת כלה

46   pakaian - בגדים

setelan resmi

חליפה

gaun tidur

כותונת לילה

piyama

פיג'מה

sari

סארי

jilbab

מטפחת ראש

turban

טורבן

burka

בורקה

kaftan

קאפטן

abaya

עבאיה

pakaian renang

בגד ים

celana renang

בגד ים

celana pendek

מכנסיים קצרים

olah raga

בגד אימון

celemek

סינר

sarung tangan

כפפות

kancing

כפתור

kacamata

משקפיים

gelang

צמיד יד

kalung

שרשרת

cincin

טבעת

anting

עגיל

topi

כובע

gantungan mantel

קולב

topi

כובע

dasi

עניבה

ritsleting

רוכסן

helm

קסדה

tali selempang

כתפיות

seragam sekolah

תלבושת בית ספר

seragam

מדים

oto

מפית אוכל

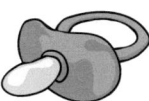

dot

מוצץ

popok

חיתול

kantor

משרד

server
שרת
lemari arsip
תיקייה
pencetak
מדפסת
kertas
נייר
layar
מסך
mouse komputer
עכבר
meja kerja
שולחן עבודה
tempat pengarsipan
תיק
papan tombol
מקלדת
kursi
כסא
tempat sampah
סל נייר
computer
מחשב

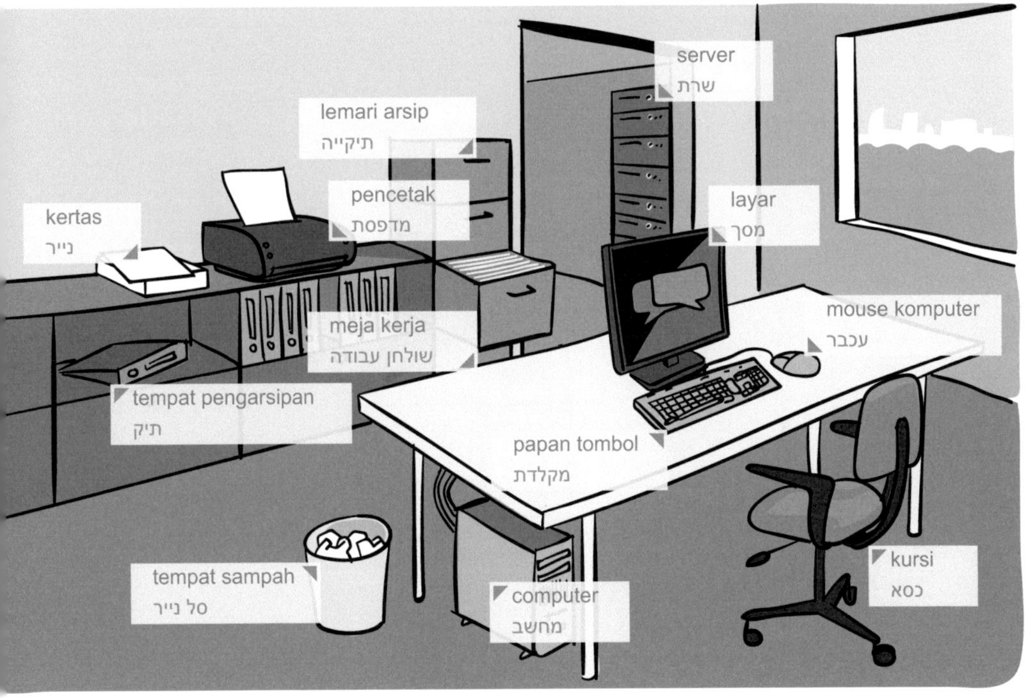

cangkir kopi

ספל קפה

kalkulator

מחשבון

internet

אינטרנט

laptop

מחשב נייד

surat

מכתב

pesan

הודעה

telepon seluler

נייד

jaringan

רשת

fotokopi

מכונת צילום

software

תוכנה

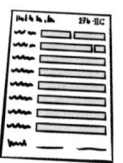

telepon

טלפון

plug soket

שקע

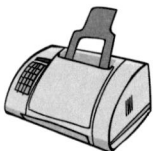

mesin fax

פקס

formulir

טופס

dokumen

מסמך

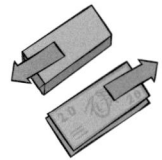

membeli

קנה

membayar

שילם

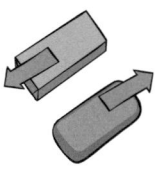

berdagang

סחר

uang

כסף

Dollar

דולר

Euro

יורו

Yen

ין

Rubel

רובל

Franc Swiss

פרנק שווייצרי

Renminbi Yuan

יואן רנמינבי

Rupiah

רופי

ATM

כספומט

kantor pertukaran mata uang

המרת מטבע

emas

זהב

perak

כסף

minyak

נפט

energi

אנרגיה

harga

מחיר

kontrak

חוזה

pajak

מס

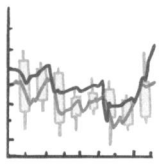

saham

מנייה

bekerja

עבד

karyawan

עובד

majikan

מעסיק

pabrik

מפעל

toko

חנות

petugas polisi
שוטר

pemadam kebakaran
כבאי

pemasak
טבח

dokter
רופא

pilot
טייס

tukan kebun

גנן

tukang kayu

נגר

penjahit wanita

תופרת

hakim

שופט

ahli kimia

כימאי

aktor

שחקן

sopir bis

נהג אוטובוס

sopir taksi

נהג מונית

nelayan

דייג

pembantu

עובדת נקיון

tukang atap

מתקן גגות

pelayan

מלצר

pemburu

צייד

pelukis

צייר

tukang roti

אופה

tukang listrik

חשמלאי

pembangun

עובד בניין

insinyur

מהנדס

tukang daging

קצב

tukang ledeng

אינסטלטור

tukang pos

דוור

tentara

חייל

arsitek

אדריכל

kasir

קופאי

penjual bunga

מוכר פרחים

penata rambut

ספר

konduktor

כרטיסן

montir

מכונאי

kapten

קברניט

dokter gigi

רופא שיניים

ilmuwan

מדען

rabbi

רב

imam

אימאם

biarawan

נזיר

pendeta

כומר

alat

כלי עבודה

palu
פטיש
tang
צבת
obeng
מברג
kunci
מפתח ברגים
obor
פנס

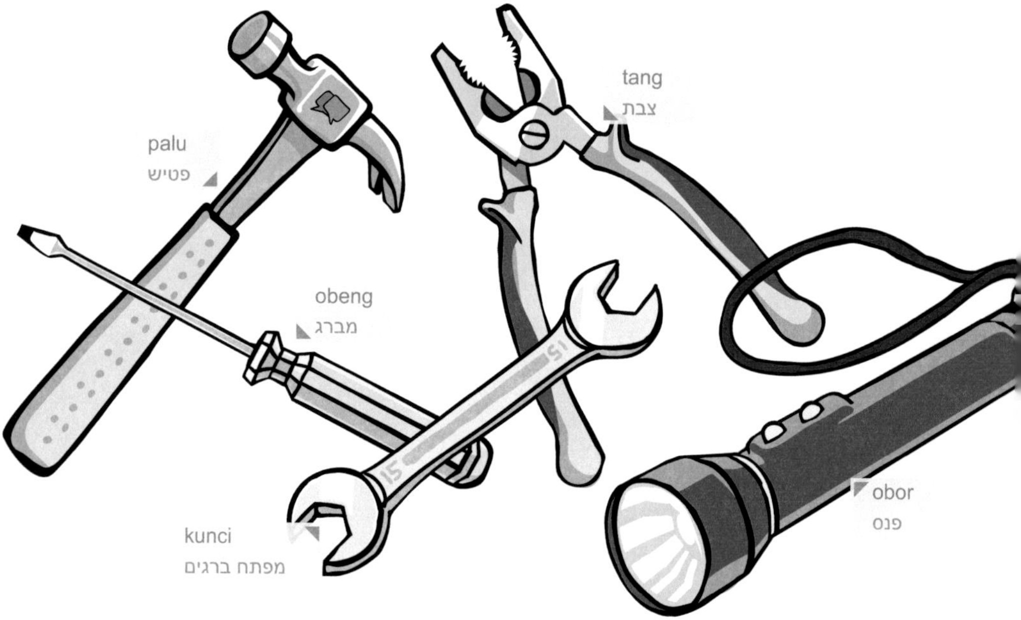

penggali

דחפור

tas perkakas

ארגז כלים

tangga

סולם

gergaji

מסור

paku

מסמרים

bor

מקדחה

perbaikan

תיקון

sekop

את חפירה

Sialan!

לעזאזל!

cikrak

יעה

pot cat

פח צבע

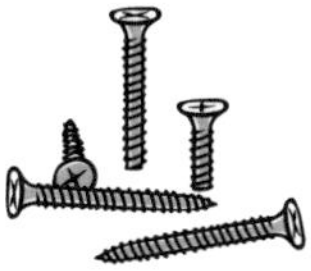

sekrup

ברגים

alat musik
כלי נגינה

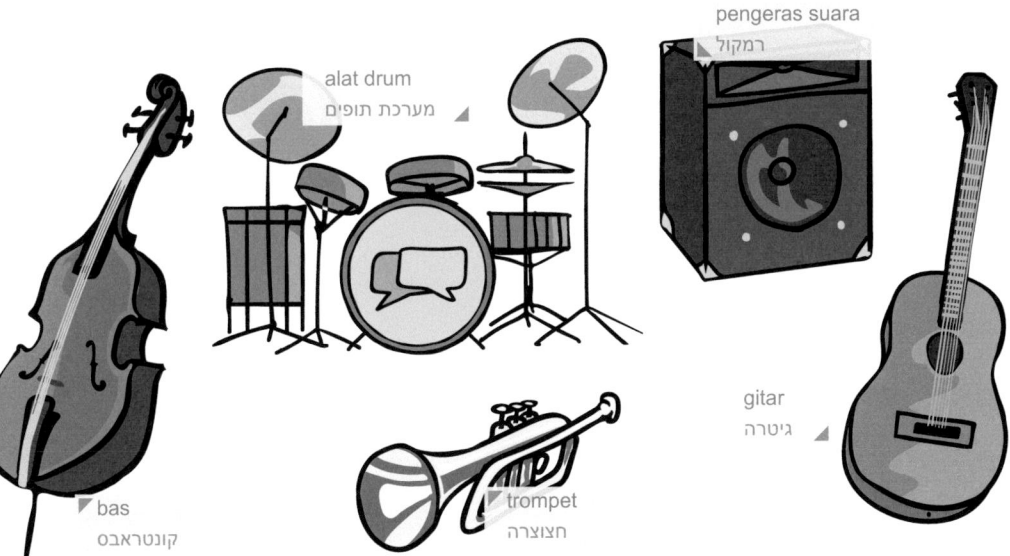

pengeras suara
רמקול

alat drum
מערכת תופים

gitar
גיטרה

bas
קונטראבס

trompet
חצוצרה

piano

פסנתר

violin

כינור

bass

בס

tambur

תוף הדוד

drum

תופים

keyboard

מקלדת פסנתר

saksofon

סקסופון

suling

חליל

mikrofon

מיקרופון

kebun binatang

גן חיות

pintu masuk
כניסה
macan
נמר
kandang
כלוב
sebra
זברה
pakan ternak
מזון לחיות
panda
פנדה

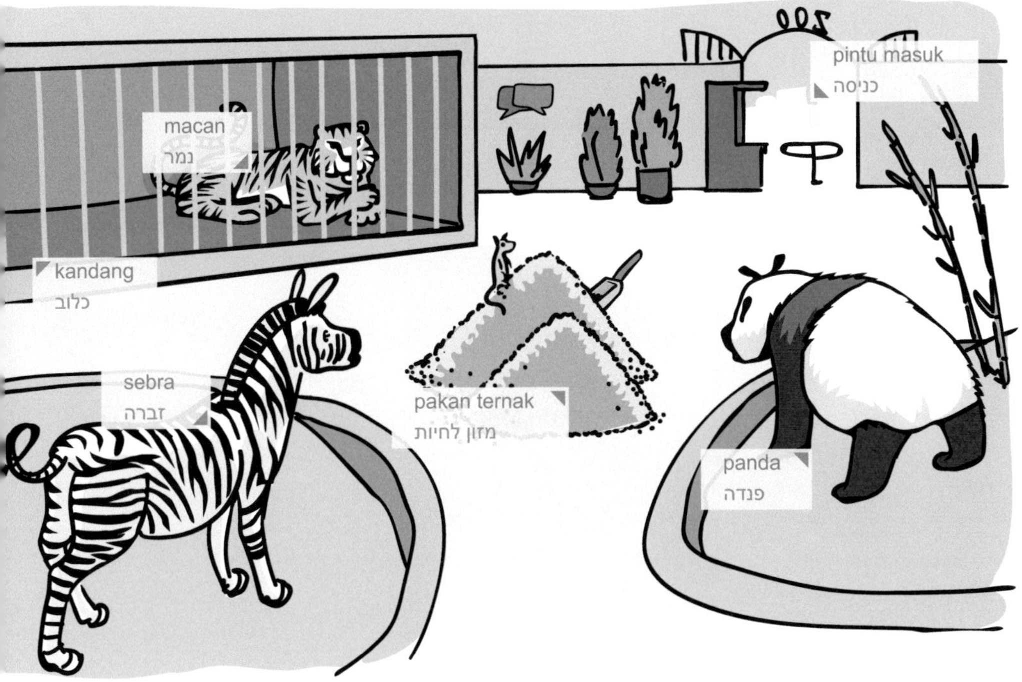

hewan

בעלי חיים

gajah

פיל

kanguru

קנגרו

badak

קרנף

gorila

גורילה

beruang

דוב

unta

גמל

burung unta

יען

singa

אריה

monyet

קוף

flamingo

פלמינגו

burung beo

תוכי

beruang polar

דוב הקרח

penguin

פינגווין

hiu

כריש

merak

טווס

ular

נחש

buaya

תנין

penjaga kebun binatang

שומר גן החיות

segel

כלב ים

jaguar

יגואר

kuda poni

סוס פוני

macan tutul

לאופרד

kuda nil

היפופוטאם

jerapah

ג'ירפה

burung elang

נשר

babi jantan

חזיר בר

ikan

דג

kura-kura

צב

anjing laut

סוס ים

rubah

שועל

kijang

איילה

olahraga

ספורט

american football
פוטבול אמריקאי
naik sepeda
רכיבת אופניים
tennis
טניס
basketbal
כדורסל
bernang
שחיה
tinju
אגרוף
hoki es
הוקי

sepak bola

כדורגל

badminton

בדמינטון

atletik

אתלטיקה

bola tangan

כדור-יד

main ski

עשה סקי

polo

פולו

meloncat
קפץ

memeluk
חיבק

ketawa
צחק

berjalan
הלך

menyanyi
שר

mengimpi
חלם

berdoa
התפלל

mencium
נשק

menulis
כתב

melukis
צייר

menunjuk
הראה

mendorong
דחף

memberikan
נתן

mengambil
לקח

mempunyai

יש / להיות הבעלים

melakukan

עשה

adalah

היה

berdiri

עמד

berlari

רץ

menarik

משך

melempar

זרק

jatuh

נפל

tidur

שכב

menunggu

חיכה

membawa

סחב

duduk

ישב

berpakaian

התלבש

tidur

ישן

bangun

התעורר

melihat

הסתכל ב-

menangis

בכה

mengelus

ליטף

menyisir

סירק

berbicara

דיבר

mengerti

הבין

menanyak

שאל

mendengar

שמע

minum

שתה

makan

אכל

merapikan

סידר

cinta

אהב

memasak

בישל

menyetir

נהג

terbang

עף

berlayar

שט

menghitung

חישב

membaca

קרא

belajar

למד

bekerja

עבד

menikah

התחתן

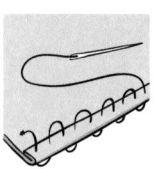

menjahit

תפר

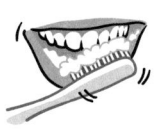

sikat gigi

ציחצח שיניים

membunuh

הרג

merokok

עישן

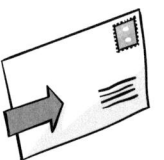

kirim

שלח

keluarga
משפחה

nenek
סבתא
kakek
סבא
bapak
אבא
ibu
אימא
bayi
תינוק
putri
בת
putra
בן

tamu

אורח

bibi

דודה

paman

דוד

kakak laki

אח

kakak perempuan

אחות

badan

גוף

dahi
מצח
mata
עין
bahu
כתף
jari
אצבע
muka
פנים
dagu
סנטר
tangan
כף יד
kaki
רגל
payudara
חזה
lengan
זרוע

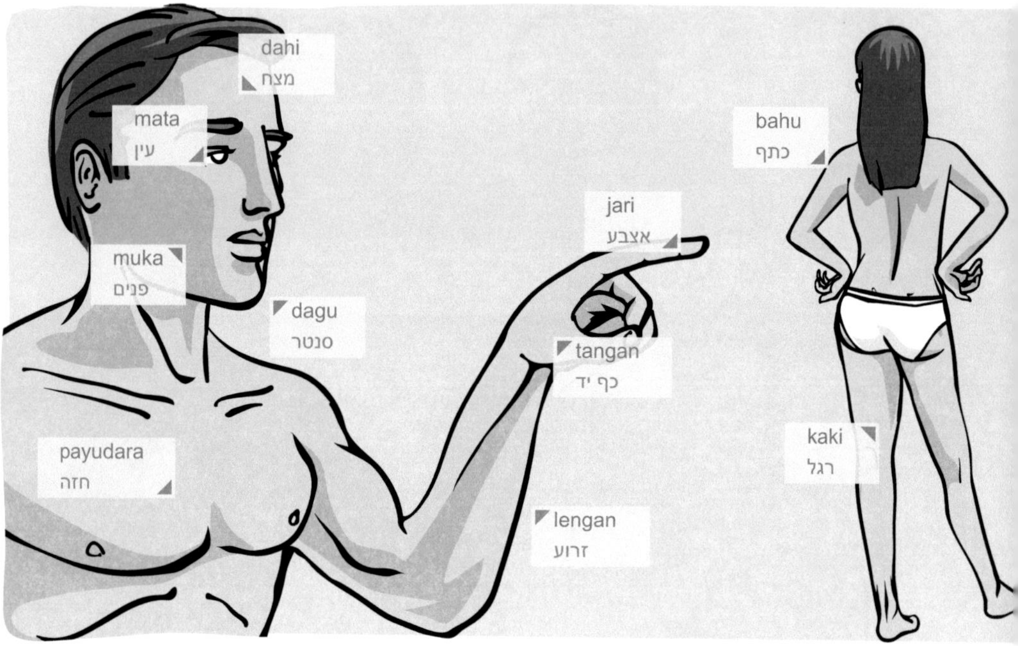

bayi
תינוק

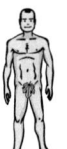

pria
איש

wanita
אישה

perempuan
ילדה

laki
ילד

kepala
ראש

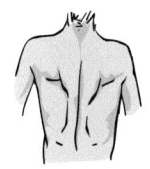

punggung

גב

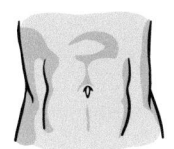

perut

בטן

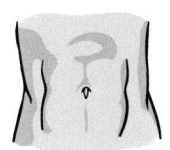

pusar

טבור

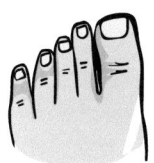

toe

אצבע

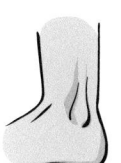

tumit

עקב

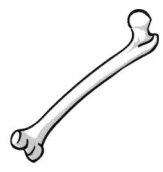

tulang

עצם

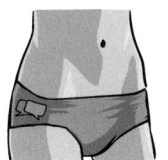

pinggang

ירך

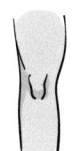

lutut

ברך

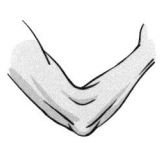

siku

מרפק

hidung

אף

pantat

עכוז

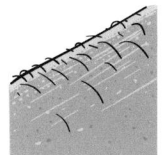

kulit

עור

pipi

לחי

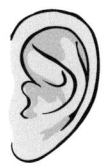

telinga

אוזן

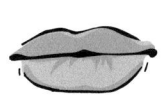

bibir

שפתיים

mulut

פה

gigi

שן

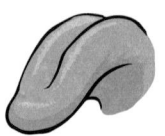

lidah

לשון

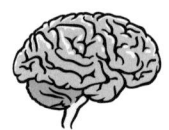

otak

מוח

jantung

לב

otot

שריר

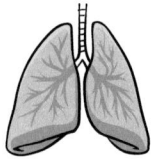

paru-paru

ריאה

hati

כבד

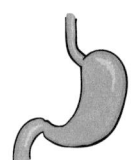

stomach

קיבה

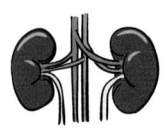

ginjal

כליות

hubungan seks

מין

kondom

קונדום

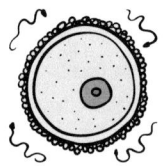

sel telur

ביצית

sperma

זרע

kehamilan

הריון

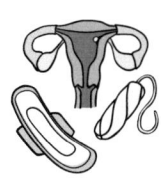

menstruasi

ווסת

vagina

נרתיק

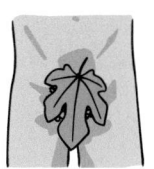

penis

פין

alis

גבה

rambut

שיער

leher

צוואר

rumah sakit
בית חולים

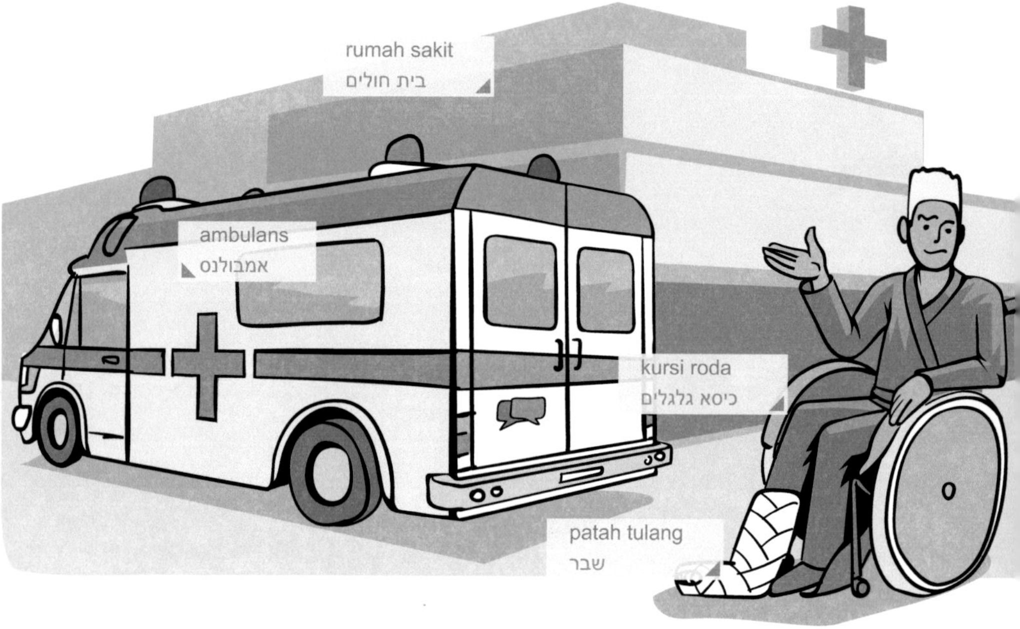

rumah sakit
בית חולים

ambulans
אמבולנס

kursi roda
כיסא גלגלים

patah tulang
שבר

dokter

רופא

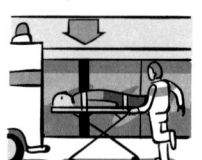

ruang darurat

חדר מיון

perawat

אחות

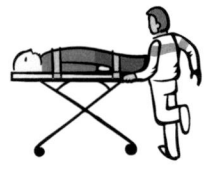

darurat

חירום

semaput

חסר הכרה

sakit

כאב

cedera

פציעה

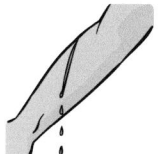

perdarahan

דימום

serangan jantung

התקף לב

stroke

שבץ

alergi

אלרגיה

batuk

שיעול

demam

חום

flu

שפעת

diare

שלשול

sakit kepala

כאב ראש

kanker

סרטן

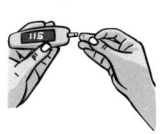

diabetes

סוכרת

ahli bedah

מנתח

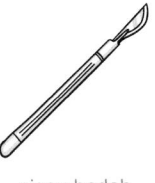

pisau bedah

אזמל

operasi

ניתוח

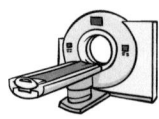

CT

סי-טי

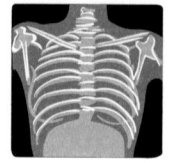

sinar x

רנטגן

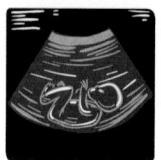

usg

אולטרסאונד

topeng

מסיכת פנים

penyakit

מחלה

ruang tunggu

חדר המתנה

penyokong

קבה

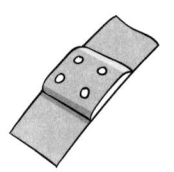

plester

פלסטר

perban

תחבושת

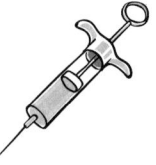

injeksi

זריקה

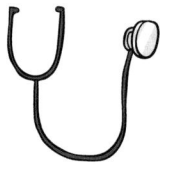

stetoskop

סטטוסקופ

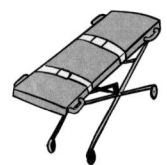

usungan

אלונקה

termometer klinis

מד חום

kelahiran

לידה

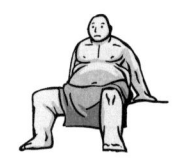

kelebihan berat badan

עודף משקל

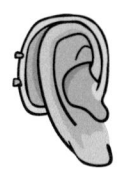

alat pendengar

מכשיר שמיעה

desinfektan

מחטא

infeksi

זיהום

virus

נגיף

HIV / AIDS

איידס

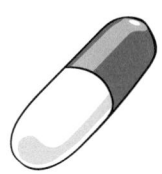

obat

תרופה

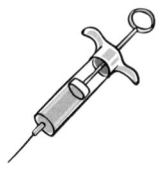

vaksinasi

חיסון

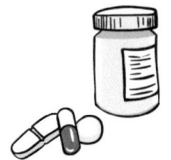

tablet

טבליות

pil

גלולה

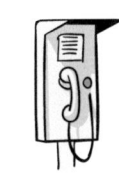

panggilan darurat

קריאת חירום

ukur tekanan darah

מד לחץ דם

sakit / sehat

חולה / בריא

darurat

חירום

Tolong!

הצילו!

alarm

אזעקה

penyerbuan

פשיטה

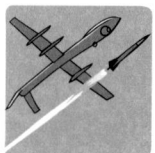

serangan

תקיפה

bahaya

סכנה

pintu darurat

יציאת חירום

Api!

אש!

alat pemadam kebakaran

מטף כיבוי

kecelakaan

תאונה

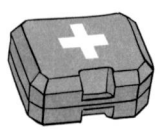

kit pertolongan pertama

ערכת עזרה ראשונה

SOS

הצילו!

polisi

משטרה

bumi

כדור הארץ

Eropa

....

אירופה

Amerika Utara

....

צפון אמריקה

Amerika Selatan

....

דרום אמריקה

Afrika

....

אפריקה

Asia

....

אסיה

Australi

....

אוסטרליה

Atlantik

....

האוקיינוס האטלנטי

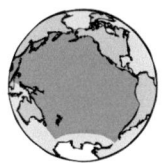

Pasifik

....

האוקיינוס השקט

Samudra India

....

האוקיינוס ההודי

Samudra Antartika

....

האוקיינוס האנטרקטי

Samudra Arktik

....

האוקיינוס הארקטי

kutub utara

....

הקוטב הצפוני

bumi

כדור הארץ

Antarktika

אנטארקטיקה

kutub selatan

הקוטב הדרומי

pulau

אי

laut

ים

tanah

אדמה

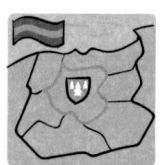

negara

מדינה

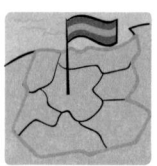

bangsa

לאום

jam
שעון

jam wajah

פני השעון

jarum pendek

מחוג השעות

jarum menit

מחוג הדקות

jarum detik

מחוג השניות

Jam berapa?

?מה השעה

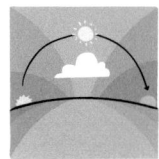

hari

יום

waktu

זמן

sekarang

עכשיו

jam digital

שעון דיגיטלי

menit

דקה

jam

שעה

minggu

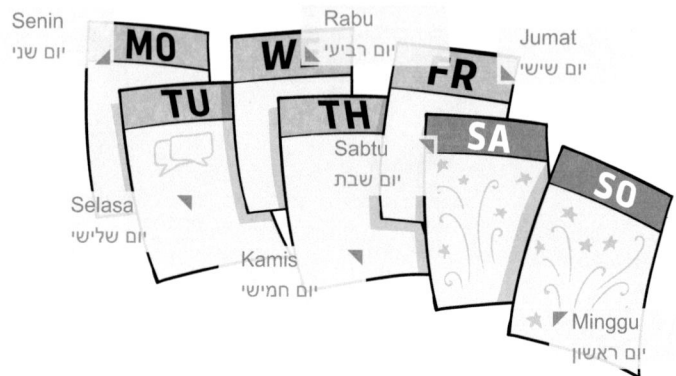

שבוע

Senin
יום שני

Selasa
יום שלישי

Rabu
יום רביעי

Kamis
יום חמישי

Jumat
יום שישי

Sabtu
יום שבת

Minggu
יום ראשון

kemaren

אתמול

hari ini

היום

besok

מחר

pagi

בוקר

siang

צהריים

malam

ערב

hari kerja

ימי עבודה

akhir minggu

סוף שבוע

tahun

שנה

hujan
גשם
pelangi
קשת בענן
salju
שלג
angin
רוח
musim semi
אביב
musim gugur
סתיו
musim panas
קיץ
musim dingin
חורף

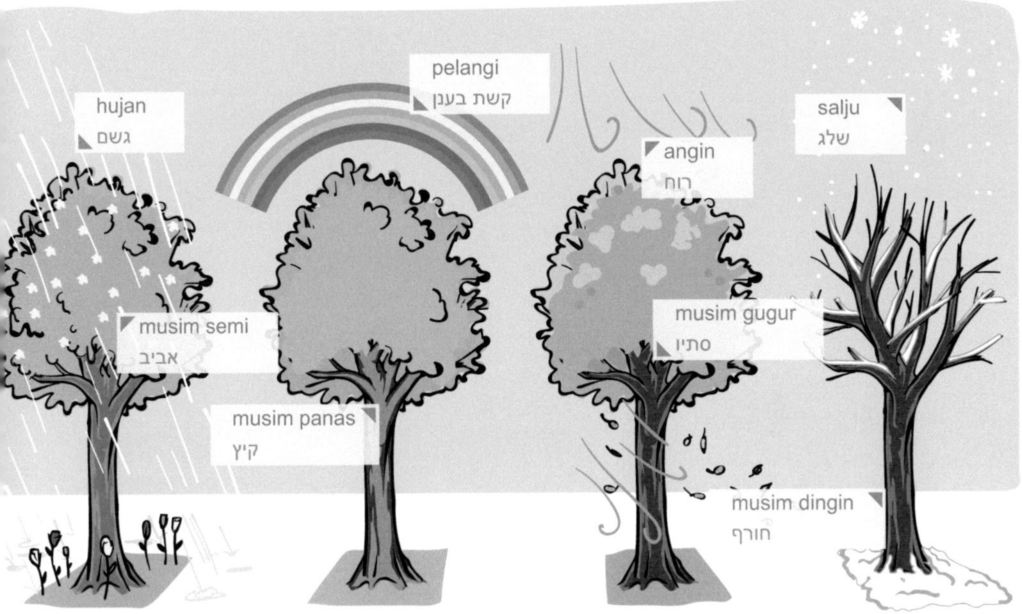

ramalan cuaca

תחזית מזג האוויר

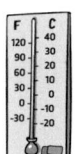

termometer

מד חום

matahari

אור שמש

awan

ענן

kabut

ערפל

kelembahan

לחות

kilat

ברק

guntur

רעם

badai

סערה

hujan es

ברד

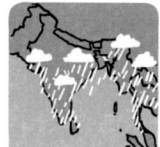

monsun

רוח עונתי

banjir

שיטפון

es

קרח

Januari

ינואר

Februari

פברואר

Maret

מרץ

April

אפריל

Mei

מאי

Juni

יוני

Juli

יולי

Agustus

אוגוסט

September

ספטמבר

Oktober

אוקטובר

November

נובמבר

Desember

דצמבר

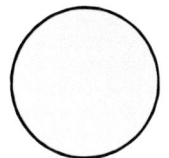

bentuk

צורות

lingkaran

עיגול

persegi

מרובע

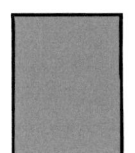

persegi panjang

מלבן

segi tiga

משולש

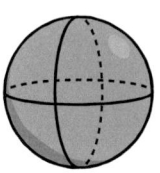

bola

כדור

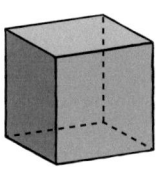

kubus

קובייה

warna-warna

צבעים

putih

לבן

kuning

צהוב

oranye

כתום

pink

ורוד

merah

אדום

ungu

סגול

biru

כחול

hijau

ירוק

coklat

חום

abu-abu

אפור

hitam

שחור

berlawanan

הפכים

banyak / sedikit

הרבה / מעט

marah / tenang

כועס / רגוע

cantik / jelek

יפה / מכוער

mulaih / selesai

התחלה / סוף

besar / kecil

גדול / קטן

terang / gelap

בהיר / כהה

saudara laki-laki / saudara perempuan

אח / אחות

bersih / kotor

נקי / מלוכלך

lengkap / tidak lengkap

שלם / חלקי

hari / malam

יום /לילה

mati / hidup

מת / חי

luas / sempit

רחב / צר

dapat dimakan / tidak dapat
dimakan

אכיל / לא אכיל

jahat / baik

רשע / טוב לב

bersemangat / bosan

מתרגש / משועמם

gemuk / kurus

שמן / רזה

pertama / terakhir

ראשון / אחרון

teman / musuh

חבר / אויב

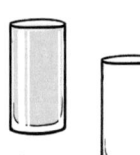

penuh / kosong

מלא / ריק

keras / lembut

קשה / רך

berat / enteng

כבד / קל

lapar / haus

רעב / צמא

sakit / sehat

חולה / בריא

ilegal / legal

בלתי-חוקי / חוקי

cerdas / bodoh

נבון / טיפש

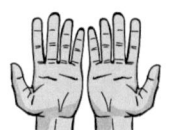

kiri / kanan

שמאל / ימין

dekat / jauh

קרוב / רחוק

baru / bekas

חדש / משומש

tidak ada apapun / sesuatu

כלום / משהו

tua / muda

זקן / צעיר

nyala / mati

פעיל / כבוי

buka / tutup

פתוח / סגור

tenang / keras

שקט / רועש

kaya / miskin

עשיר / עני

benar / salah

נכון / שגוי

kasar / halus

מחוספס / חלק

sedih / gembira

עצוב / שמח

pendek / panjang

קצר / ארוך

pelan-pelan / cepat

איטי / מהיר

basah / kering

רטוב / יבש

hangat / sejuk

חם / קר

perang / damai

מלחמה / שלום

angka-angka
מספרים

0	1	2
nol	satu	dua
אפס	אחת	שתיים

3	4	5
tiga	empat	lima
שלוש	ארבע	חמש

6	7	8
enam	tujuh	delapan
שש	שבע	שמונה

9	10	11
sembilan	sepuluh	sebelas
תשע	עשר	אחת-עשרה

12

duabelas

שתים-עשרה

13

tigabelas

שלוש-עשרה

14

empatbelas

ארבע-עשרה

15

limabelas

חמש-עשרה

16

enambelas

שש-עשרה

17

tujuhbelas

שבע-עשרה

18

delapanbelas

שמונה-עשרה

19

sembilanbelas

תשע-עשרה

20

duapuluh

עשרים

100

seratus

מאה

1.000

seribu

אלף

1.000.000

juta

מיליון

bahasa-bahasa

שפות

Inggris

....

אנגלית

bahasa Inggris Amerika

....

אנגלית אמריקאית

bahasa Cina Mandarin

....

סינית מנדרינית

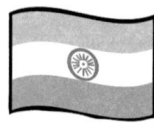

bahasa Hindi

....

הודית

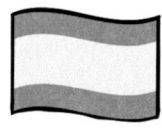

bahasa Spanyol

....

ספרדית

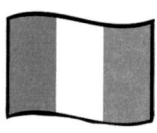

bahasa Perancis

....

צרפתית

bahasa Arab

....

ערבית

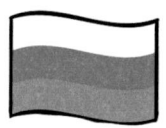

bahasa Rusia

....

רוסית

bahasa Portugis

....

פורטוגזית

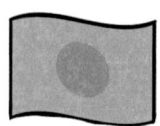

bahasa Bengal

....

בנגלית

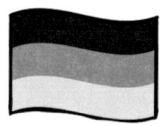

bahasa Jerman

....

גרמנית

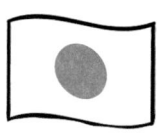

bahasa Jepang

....

יפנית

siapa / apa / begaimana

מי / מה / איך

saya

אני

kamu

אתה / את

dia

הוא / היא / זה

kita

אנחנו

kalian

אתם

mereka

הם

siapa?

מי?

apa?

מה?

begaimana?

איך?

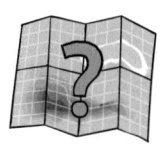

dimana?

איפה?

kapan?

מתי?

nama

שם

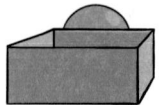

dimana

איפה

dibelakang

מאחור

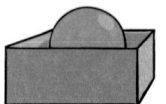

di

בתוך

didepan

לפני

diatas

מעל

diatas

על

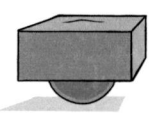

dibawah

מתחת

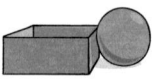

sebelah

ליד

di antara

בין

tempat

מקום